Kavalkade
Ratgeber

Ulrike und Christiane Gast

Voltigieren in der Praxis

KOSMOS

Voltigieren – eine traditionsreiche Sportart mit 1000 Gesichtern 4

Voltigieren – Schritt für Schritt 10

Von Motivations- und Leistungsabzeichen 20

Von Sport, Spaß, Spannung, Spitzensportlern und dem Voltigier – ABC 31

Voltigieren – eine traditionsreiche Sportart mit 1000 Gesichtern

Voltigieren ist

▸ **uralt** – wurde schon vor Christi Geburt praktiziert,
▸ der **Einstieg** in den Pferdesport,
▸ **Mannschaftssport** und **Einzelsport,**
▸ **Breiten-** und **Leistungssport,**
▸ **Schulsport** und **Therapie,**
▸ auch **Pferdepflege, Gymnastik, Verantwortung,**
▸ **hochmodern** – über 50.000 Aktive in Deutschland wissen ja schließlich genau, was in ist.

Spektakulär: Einzelvoltigieren auf Bundesliganiveau

Teamwork in Topform

Beim Voltigieren geht's rund – d.h. auf einem Kreis oder besser gesagt Zirkel schreitet, trabt oder galoppiert ein Pferd entweder links oder rechts herum. In der Zirkelmitte steht der Ausbilder und hält die Longe, die am anderen Ende am Zaumzeug des Pferdes befestigt ist, in seiner Hand. Voltigiert wird entweder im Freien oder in einer Reithalle.

Was man zum Voltigieren braucht

Ein ebener, trittsicherer, federnder Boden sollte selbstverständlich sein, damit sich Vier- und Zweibeiner keine Verletzungen oder Verschleißerscheinungen zuziehen. In der Regel trainieren bis zu einem Dutzend Kinder und Jugendliche gemeinsam z.B. eine Stunde einmal in der Woche.

Im Training

Damit möglichst viel beim Training herauskommt, ist außer dem Ausbilder bzw. Longenführer in der Regel auch noch ein so genannter Sportassistent (Co-Trainer) anwesend, der bei Sport und Spaß auf und um den Zirkel hilft oder z.B. abgesprochene Zusatz-

Holzpferdetraining – auch auf Meisterschaftsebene ein Muss

trainingseinheiten am ebenfalls in der Halle stehenden Holzpferd anbietet bzw. durchführt.

Egal ob Breiten-, Leistungs- oder Schulsport – alle Voltigierer tragen beim Training Gymnastikschläppchen mit entsprechender Hose und ein figurbetonendes nicht zu langes Oberteil in Trikotstoff.

Schlabberlook ist vielleicht außerhalb des Reitervereins angesagt – beim Voltigieren ist er jedoch ganz und gar uncool, da ebenso wie Schmuck turbogefährlich, da man überall hängen bleiben kann.

Auf dem Turnier

Richtig elegant wird's dann allerdings trotzdem beim Turnier – egal ob mit oder ohne Meisterschaft. Die Pferde sind dann immer auf Hochglanz poliert, eingeflochten, einbandagiert und auch Unterlage und Pad betreffend Ton in Ton mit der Gruppe.

Die steckt in einheitlichen aber keinesfalls eintönigen oder gar langweiligen Gymnastikanzügen und alle tragen gleiche Socken, Schläppchen und meist sogar gleiche tolle Frisuren. Hinzu kommen die Startnummern für alle Aktiven außer dem Longenführer, aber

auch der passt vom Outfit genau zu seiner Truppe (siehe auch Kapitel „Von Sport, Spaß, Spannung, Spitzensportlern und dem Voltigier-ABC" ab Seite 31).

Besonders elegant: doppelreihig eingeflochten

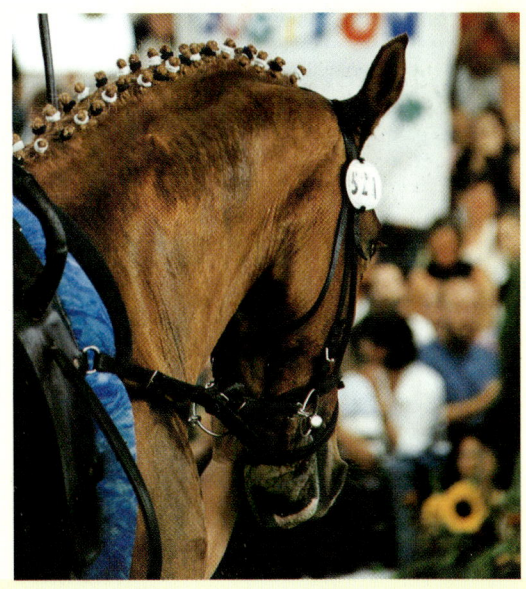

Sponsoren

Vielen Gruppen und auch Einzelvoltigierern ist es inzwischen auch gelungen, Sponsoren auf sich aufmerksam zu machen. D.h. sie tragen z.B. vor dem Start oder bei der Platzierung geschmackvolle Trainingsanzüge mit Werbeaufdruck und Vereinslogo über den Gymnastiksachen.

Andere werden mit geräumigen Sporttaschen oder der Ausrüstung fürs Pferd unterstützt und wieder andere erhalten Trainingskostenzuschüsse, Videoanlagen zwecks Übungsoptimierung oder einfach Duschgel und Badetücher für eine ganze Sommersaison.

Zurück zum Sport

▸ **Voltigieren, das ist Turnen auf dem gehenden, trabenden oder galoppierenden Pferd.**

Die Übungen können unterschiedlichen Oberbegriffen zugeordnet werden. So gibt es z.B.

Die außergewöhnlichsten Einzelübungen gibt es zweifelsfrei beim Einzelvoltigieren.

Bei 3er-Übungen kann's schon ganz hoch hinaus gehen.

▸ **Einzelübungen** oder auch
▸ **Partnerübungen**
  (für max. drei Voltigierer gleichzeitig zu Pferd).
Bei Turnieren werden
▸ **Pflichtübungen** und
▸ **Kürübungen** unterschieden.

Eine weitere Unterscheidung erfolgt nach Art der Bewegung und Durchführung in dynamisch und statisch.
▸ **Statische Übungen** werden die Übungen genannt, die – einmal in Position – eine bestimmte Anzahl (z.B. 4) von Schritten, Tritten oder Galoppsprüngen ausgehalten werden.
▸ **Dynamische Übungen** sind diejenigen, die im (ständigen) Bewegungsfluss geturnt werden und einen ganz klaren Anfangs- und Endpunkt haben, z.B. eine Rolle rückwärts aus dem Rückwärtssitz auf dem Pferderücken über den Gurt zum Sitz auf den Hals des Pferdes. Ja, richtig gelesen, Rolle rückwärts z.B. auf

einem galoppierenden Pferd. Natürlich ist das keine Übung aus dem Voltigierschnupperkurs erste bis fünfte Stunde – aber wenn man nur lange genug mitmacht, über sportliches Talent, ein passendes Pferd und einen wissenden Ausbilder „verfügt", dann sind auch ganz schön spektakuläre – aber dennoch ungefährliche – Übungen auf dem Pferderücken denkbar.

Notwendig: Die Pferdepflege

Der Weg zu Ruhm und Ehre führt allerdings durch viele Trainingseinheiten und ein sehr abwechslungsreiches abzuleistendes „Beiprogramm".

Da wäre zunächst einmal die Pferdepflege. Nur wer die Bedürfnisse seines vierbeinigen Sportkameraden kennt und regelmäßig zu seinem Wohlbefinden beiträgt, ist auf Dauer ein richtig guter Voltigierer oder sagen wir ruhig Pferdemensch.

In jedem Reiterverein oder Pferdebetrieb werden überall in der Bundesrepublik inzwischen sogar extra Kurse angeboten, an deren Ende die Teilnehmer den so genannten Basispass Pferdekunde erwerben können. D. h. zunächst wird alles gelehrt und gelernt, was die Pferdehaltung, -fütterung und -pflege betrifft. Wie ein Pferd korrekt mit der Ausrüstung versehen wird, welche Merkmale seiner wilden Vorfahren noch in ihm schlummern und wie man es heutzutage korrekt mit einem Transporter durch die nähere oder weitere

Umgebung befördert, sind weitere wesentliche Aspekte der Ausbildung.

Auch Hufpflege, Lederpflege und Weidepflege stehen bei einem umfassenden Kursus mit auf dem Trainingsprogramm und können – richtig aufgezäumt – genauso viel Spaß machen, wie das Voltigieren selbst. Wer übrigens daran denkt, ein Voltigier- oder Reitabzeichen zu erwerben, der muss vorher unbedingt die Basispass – Prüfung erfolgreich absolviert haben und das ist doch sicherlich kein Problem, wenn man für etwas – womit man sich ohnehin auskennen sollte – auch noch einen tollen Pin und einen „gelben Ausweis" bekommt.

Gymnastik am Boden

Neben der Pferdepflege (und allem was dazu gehört) gehört zum Voltigieren außer dem Sport auf dem Pferderücken auch noch die Gymnastik auf dem Hallen-

boden, mit und ohne Material, mit Kleingeräten oder Partnern, zum Warmmachen oder – bleiben, zur Übungsoptimierung, als Verletzungsprophylaxe und und und.

Natürlich ist und bleibt Voltigieren ein Pferdesport – aber die Vierbeiner werden vom Longenführer ja auch auf die gemeinsame Sportstunde langsam vorbereitet „ablongiert" und sie haben ein Anrecht darauf, dass auch der Sportler auf ihrem Rücken warm ist, bevor er Huckepack mit irgendwelchen (Volti-) Übungen startet. So viel zum Standardprogramm.

Hinzu kommen dann z.B. Lehrgänge zum Erwerb eines Motivations- oder Leistungsabzeichens, auf die hier allerdings nicht näher eingegangen wird, da ihnen ein eigenes Kapitel in diesem Ratgeber gewidmet ist.

Wer Turnier- bzw. Leistungssportambitionen hat, der/die muss ebenfalls ein weitaus umfangreicheres

Programm rund ums Voltigieren „abarbeiten". Neben Fitness- und Konditionstraining haben viele Gruppen regelmäßig Ballett- und Sportakrobatikunterricht. Darüber hinaus bekommen sie in separaten Kursen etwas über die wichtigsten zu beachtenden Trainingsaspekte, sportgerechte, gesunde Ernährung oder **Mentales Training** beigebracht.

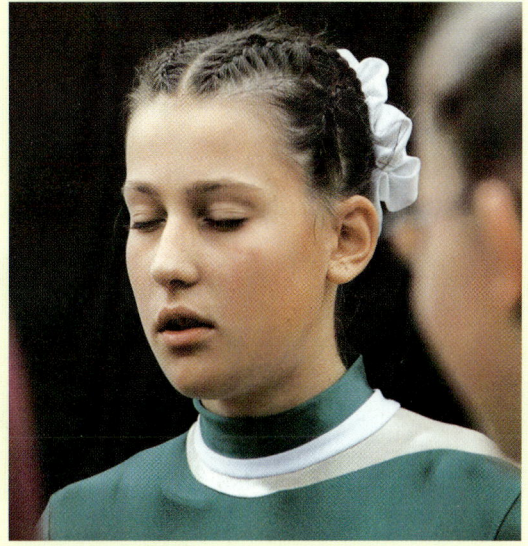

Gymnastik am Holzpferd

Aber das viele Wissen über den Sport erspart niemandem auch nur eine Übungseinheit am (Holz-) Pferd.

Üben, üben, üben ist die Devise, wenn man ganz vorne dabei sein und dabei bleiben will. Mit dieser Feststellung soll übrigens niemand geschockt werden – es soll nur eines vermieden werden, nämlich der Aberglaube, Voltigieren zähle zu den Sportarten, bei denen ohne großen persönlichen (Trainings-) Einsatz oder innerhalb kürzester Zeit so „mir nichts dir nichts" Schleifen, Pokale und Medaillen gesammelt werden könnten.

Auch im Breitensporteinsatz: Das Holzpferd

Voltigieren: Auf allen Ebenen bezaubernd

Voltigieren macht aber nicht nur auf Meisterschaftsebene Spaß – auch wenn er dort – zugegeben – am publikums- bzw. am werbewirksamsten ist. Voltigieren hat genau genommen im Breiten- und Schulsport die meisten Aktiven und auch die wissen sich häufig genug zauberhaft in Szene zu setzen.

Was den Spitzensportlern nur anlässlich irgendwelcher Showveranstaltungen gegönnt ist – nämlich das Voltigieren im tollen Kostüm zu vokaler Musik – das ist bei den „Breitensportprofis" fast Alltag. Was den Turniervoltigierern der tolle Einteiler, ist ihnen das Pippi Langstrumpf-, Indianer- oder Schlumpfenkostüm z. B. beim Tag der offenen Tür in der Reithalle oder beim Voltitag beim Nachbarverein oder als Gäste beim Reitturnier oder vielleicht sogar beim Voltigiermusical oder sogar auf den Brettern, die die Welt bedeuten, also original im Theater. Spinnerei? Hexerei? Keineswegs! Gerade in Deutschland, der Wiege des modernen Voltigiersports wird nicht nur turniermäßig sondern mit unzähligen anderen Schwerpunkten voltigiert. Und da Voltigierer, Ausbilder und Eltern durchweg sehr gesellige Menschen sind, die sich in ihrer Freizeit auch schon einmal noch intensiver mit ihrem Hobby oder mit anderen Gemeinsamkeiten beschäftigen, springen dann immer mal wieder ganz tolle nachahmenswerte Veranstaltungen dabei heraus, wie z. B. „Cats on horses" in Ostwestfalen oder „Die Hexe Schrumpeldei" an der Bergstraße in Hessen. Lust auf mehr? Inzwischen eigentlich kein Problem mehr. Heute hilft in der Regel ein Blick ins Internet, und mit den richtigen Stichwörtern und einer funktionstüchtigen Suchmaschine hat man binnen kürzester Zeit meist mehr Infos zusammen als man vermutet hätte bzw. Zeit zur Bearbeitung hat.

Themenvoltigieren: Immer so genial wie die Aktiven selbst

Hier einige Beispiele:

- **Nordische Felszeichnungen** aus der Bronzezeit & der frühen vorrömischen Eisenzeit (also mehr als 1500 v. Chr.) sind die ältesten – und zugleich sehr lebendige Zeitzeugen – für die jahrtausende alte Geschichte des Voltigierens.
- **Bereits um 650 v. Chr.** wurde das Reiten bei den olympischen Spielen der Antike eingeführt. Sattel oder gar Bügel gab es damals nicht, so dass Können von Nöten war, um bei den unterschiedlichsten Anforderungen auf dem Rücken des Pferdes zu bleiben.
- **Bei den Römern** gehörte das Turnen auf dem Pferd zur (überlebenswichtigen) Ausbildung der Soldaten.
- **Bei den Steppenvölkern** (Kosaken, Tataren …) war es zu allen Zeiten nicht einigen wenigen vorbehalten, sondern (Zeitvertreib) für Jedermann. Sie waren es auch, die das Umklettern der Pferde, Herabhängen vom Pferd, Partnerübungen und Pyramidenbauen revolutionierten bzw. prägten.
- **Im Mittelalter** hatte das Voltigieren dann wieder eher ein kriegerisches Äußeres, denn zu dieser Zeit

Natürlich hat das 21. Jahrhundert in diesem Punkt einiges zu bieten, aber auch in den verflossenen Jahrtausenden machten Pferde Schlagzeilen.

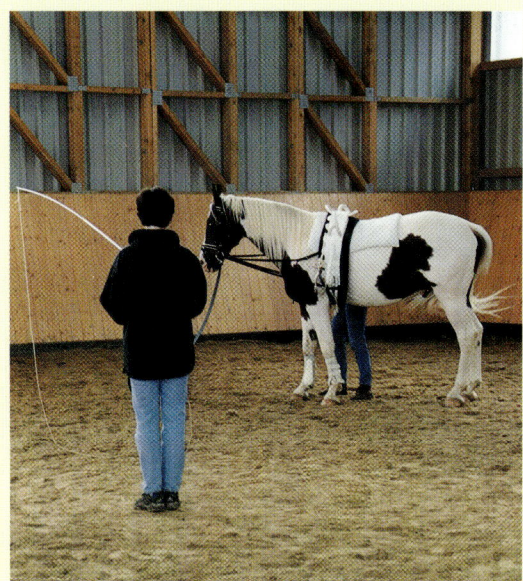

Voltigierimpressionen

praktizierten die Ritter zur körperlichen Ertüchtigung diesen Sport.

▶ **Im 17. Jahrhundert** setzte sich dann der Begriff Voltigieren als Oberbegriff für das Turnen am und ums Pferd durch. Eine Zeit, in der vor allen Dingen der vornehme Adel neben Tanzen und Fechten auf diese Kunst schwor.

▶ **Seit Beginn des 20. Jahrhunderts** gibt es genau genommen erst Voltigieren als Kinder- und Jugend-sport. Den umsichtigen Militärausbildern a. D. sei Dank!

Natürlich braucht der eingefleischte Voltigiersport-liebhaber eigentlich keine Argumentationshilfen oder Geschichtsunterricht. Solche Zeitreisen haben aber dennoch ihr eigenes Flair, beleuchten sie doch Ausse-hen und Wirkung von etwas – was wir glauben genau zu kennen – in immer wieder anderem Licht und ma-chen es so noch bunter und strahlender.

Voltigieren – Schritt für Schritt

Die richtige Ausrüstung

Wen es erstmalig zum Voltigieren zieht, für den folgt an dieser Stelle zunächst einmal eine Übersicht über die eigene Ausrüstung und die des Pferdes.

Zum Voltigieren bzw. Training braucht der Interessent (je nach Außentemperatur) eigentlich nichts anderes als für eine Gymnastik- oder Sportstunde:

- ein eng anliegendes T-Shirt (oder einen warmen Pullover)
- eine Gymnastik- oder Stretchhose ohne Nähte
- Gymnastikschläppchen (mit Thermoeinlagen)

Für Turnier-Voltigierer

Wer dann mit seiner Gruppe an einem breitensportlichen Wettbewerb oder einer Motivationsabzeichenprüfung teilnehmen darf bzw. möchte, der trägt dann meistens gruppeneinheitlich eine Gymnastikhose, Socken und Schläppchen in der gleichen Farbe.

Auch das Voltipferd ist „einzukleiden".

Voltigieren: auch bei Minusgraden möglich

Dazu passend ein T-Shirt oder Sweatshirt, ebenfalls gruppeneinheitlich, häufig mit Vereinslogo und der entsprechenden Rücken- bzw. Arm(start)nummer. Beim Turniersport auf der untersten Ebene ist ein

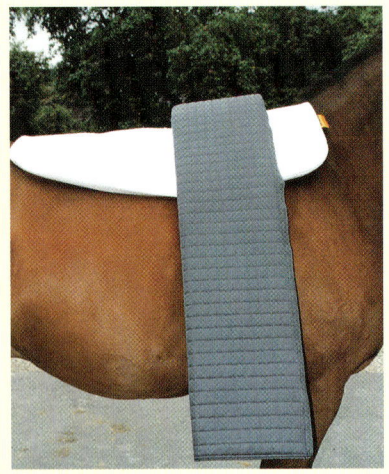
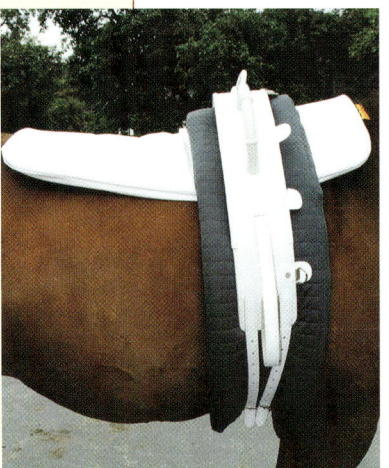

solches Auftreten durchaus auch noch legitim. Hat die Gruppe jedoch Einsteigerprüfungen hinter sich, ist Professionalität im Auftreten und Aussehen gefragt.

Ausrüstung des Pferdes

Um die Ausrüstung des Pferdes kümmert sich zwar der Verein bzw. der Ausbilder, das bedeutet aber keineswegs, dass man als Voltigierer bzw. Elternteil gar nichts damit zu tun hat. Zum einen ist Pad- und Gurt- bzw. Trensenpflege nicht die Sache eines Einzelnen, sondern Aufgabe des gesamten Teams – zum anderen ist auch das Aufgurten und Auftrensen nur bei den Voltizwergen ausschließlich dem Ausbilder oder dem Sportassistenten vorbehalten. Sobald es jedoch Körpergröße und Geschick zulassen, werden auch solche Teile der Voltigierstunde vom gesamten Team – oder abwechselnd – erledigt. Genau wie die ...

Pferdepflege

Kommen wir zu einem wichtigen weiteren Bestandteil einer jeden Voltigiertrainingseinheit, der Pferdepflege. Das ist nicht etwa die Angelegenheit von irgendwelchen Stallburschen, sondern von der 1. Stunde an eine der wesentlichen Aufgaben der Voltigierer selbst – und auch nur so kann auf Dauer etwas aus der immer wieder zu Recht gepriesenen wahren Kameradschaft werden.

Mit der Putzkiste, Halfter und Strick begeben sich die Zuständigen zum Pferd. In der Regel muss es nicht erst von der Weide oder aus dem Paddock geholt werden, sondern wartet bereits in der Box (seinem eigenen „Einzelzimmer" im Pferdestall) auf seinen Einsatz. Die Kiste wird so abgestellt, dass sie niemand behindert, beim Putzen nicht umgetreten oder mit Haaren und Staub übersät werden könnte. Nachdem das Pferd angesprochen worden ist, wird die Box geöffnet, das Halfter angebracht, aus der Box herausgetreten und das Pferd an der dafür vorgesehenen Stelle (nicht zu lang!) mit einem professionellen Pferdeknoten angebunden. Das ist wichtig, damit das Pferd nicht in den Strick treten kann und der Knoten vom Zweibeiner jederzeit problemlos abgemacht werden kann.

Es empfiehlt sich, mit dem Ausräumen der Hufe zu beginnen. Sollte einmal eine bisher unbemerkte Verlet-

Nur ordentliche Ausrüstung garantiert mit tollem Pferd und gutem Ausbilder unvergesslich schöne Stunden.

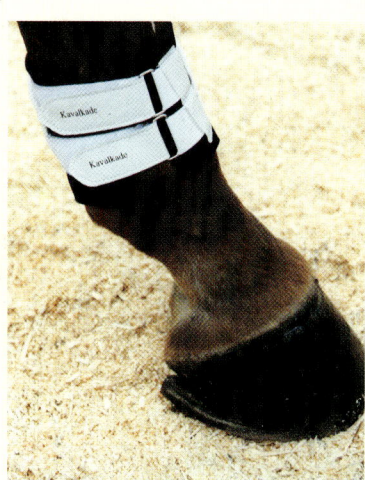

zung an der Hufunterseite aufgetreten sein, kann als erstes der Tierarzt oder der Hufschmied benachrichtigt werden. In der Zwischenzeit wird dann das Pferd geputzt. (Wird erst geputzt, tut es dem Pferd nur unnötig lange weh und die Wartezeit könnte evtl. als schier endlos empfunden werden.) Dann kommen die unzähligen Bürsten aber doch noch zum Einsatz, um das Pferd auf beiden Seiten von vorne nach hinten und vom Kopf bis zu den Hufen zu reinigen und durchzumassieren. Ja richtig verstanden, Putzen ist Reinigung und Massage und kann deshalb auch nicht ausfallen, nur weil das Pferd sauber aussieht. Darüber hinaus ist der „Wohlfühlaspekt" seitens des Vierbeiners nicht zu unterschätzen – er revanchiert sich meist auf sehr angenehme Weise an anderer Stelle.

Doch zurück zum Putzzeug. Welche Bürste wo zum Einsatz kommt und wie das Ding noch mal hieß, wollen wir jetzt nicht weiter beschreiben. Wir beschränken uns hier auf die Benennung der wichtigsten Grundsätze bei der Pferdepflege und verweisen im Übrigen auf den uralten Grundsatz:

Putzen lernt man nur durch Putzen!!!

Das Putzzeug gehört zum Pferd wie die Kappe zum Reiter.

Fürs Turnier kommt dann noch das Einflechten der Mähne und sogar des Schweifes hinzu.

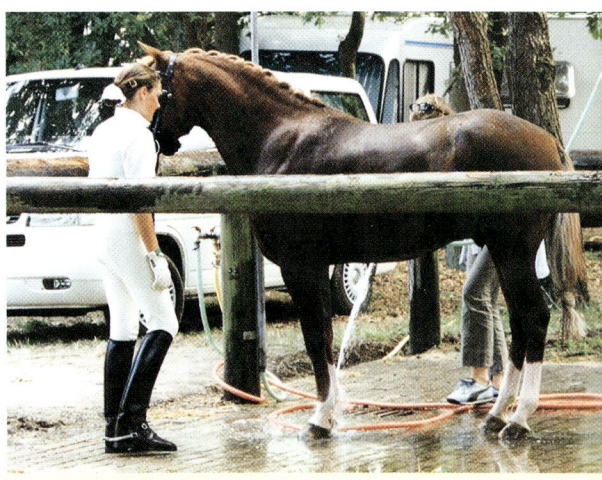

… die Alternative an heißen Tagen – egal ob Volti- oder Reitpferd.

Check Grundsätze der Pferdepflege

1. Sprich das Pferd immer an, bevor du dich (wieder) näherst, um gefährliche Situationen zu vermeiden.

2. Benutze für jedes Pferd ein eigenes Putzzeug. Du teilst deine Toilettenartikel ja sicher auch mit niemandem. Außerdem werden so auch evtl. Fellkrankheiten o.ä. nicht unbedingt übertragen.

3. Binde das Pferd nicht zu lang mit einem Strick mit Panikhaken und Pferdeknoten an – wer an Gefahren denkt, für den wird's in der Regel weniger gefährlich.

4. Benutze keine groben / unflexiblen Bürsten für die Reinigung von Körperteilen, wo sich unter der Haut kaum Muskeln, dafür aber („spitze") Knochen befinden (z.B. am Kopf oder am unteren Teil der Beine).

5. Entferne zunächst groben Schmutz, bevor du mit der Kardätsche (inkl. Striegel) von oben nach unten „Glanzpunkte" setzt. (Anders herum würde das Pferd auch erneut dreckig).

6. Während du das Deckhaar mit Bürsten bearbeiten darfst bzw. musst, hast du ganz vorsichtig in Handarbeit das Langhaar zu versorgen, sprich den Schweif zu verlesen. Beim Einsatz der Bürste gehen viel zu viele Haare verloren und da die Schweifhaare mindestens drei Jahre (andere sprechen sogar von sieben) benötigen, bevor sie den Fesselkopf wieder erreicht haben – also bitte Vorsicht.

7. Mit zwei Schwämmen sorgst du dafür, dass dein Freund auch im Gesicht (Augen, Nüstern) und hinten herum (Euter, Schlauch / After) frisch bleibt.

8. Mit einem Wolllappen kann dann auch noch der ganz feine Reststaub entfernt werden.

9. Mit Huffett werden die Hufe geschmeidig gehalten und auf Hochglanz gebracht. Wem das nicht reicht, kann auch noch Fellglanz-, Mähnen- & Schweifspray zum Einsatz kommen lassen.

Aufwärmen und Ablongieren

Kommen wir als Nächstes zu dem Teil der Voltigierstunde, der nicht im Stall, sondern in der Halle oder im Freien stattfindet. Während das Pferd mindestens zehn Minuten im Schritt geführt wird, lockern, dehnen und kräftigen auch die zweibeinigen Aktiven ihren Körper, damit die „Zeit zu zweit", sprich die auf dem Rücken des Pferdes, optimal genutzt werden kann und der treue Vierbeiner nicht unnötig von wenig geschmeidig agierenden Voltis geknufft und gepufft wird.

Inzwischen gibt es Gott sei Dank einige Bücher, die auch über (Voltigier-)Gymnastik informieren. Exemplarisch sind auf Seite 46 einige aufgeführt.
Doch auch hier gleich einige Vorschläge, verbunden mit dem Wunsch bzw. dem Ziel:
▸ der Vermittlung der Bedeutung und Freude an der zusätzlichen Bewegung sowie an Sport und Spiel allgemein,
▸ der Erweiterung des Bewegungsschatzes und der Bewegungserfahrung sowie der Entwicklung und dem Ausbau der sportmotorischen Fähigkeiten,

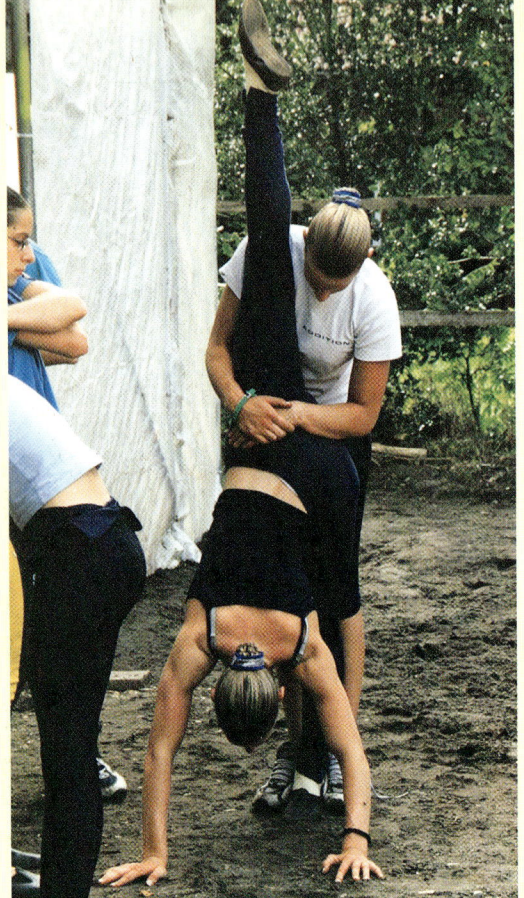

Nur etwas für Könner: Partner-Dehnübungen

▸ der Aufklärung über die Folgen, wenn leichtfertig und dauerhaft auf Lockern, Dehnen und Kräftigen vorm Voltigieren verzichtet wird.

Übungen zum Lockern

▸ **Von Musik begleitet gehen**, laufen, schleichen, springen, hüpfen oder galoppieren.

▸ **Mit einem Sprungseil durch die Halle laufen** – dieses drehen und hindurchspringen. Oder ein Voltigierer dreht sich mit seinem Seilchen ca. 30 cm über dem Boden und die anderen springen darüber.

▸ **Zwei Voltigierer oder Eltern schlagen die Longe** so, dass die übrigen Voltis darunter durchlaufen oder hinein- und wieder herausspringen.

Übungen zum Dehnen

▸ **„Apfelpflücken"** zur Dehnung der Brustmuskulatur und des Brustkorbes: Im Stehen auf den Zehenspitzen abwechselnd mit dem linken bzw. rechten Arm weit nach oben greifen, um das Obst zu pflücken. **Achtung**: Den Kopf nicht in den Nacken nehmen!

▸ **„Alternative Stabile Seitenlage"** zur Dehnung der Hüftmuskulatur (Gesäß/Oberschenkel): In Rückenlage ein Bein abwinkeln und am Knie mit der gegenüberliegenden Hand erfassen und herüber und auf den Boden ziehen. Den anderen Arm diagonal nach hinten in Augenhöhe ablegen. Der Blick geht zum ausgestreckten Arm, die Schultern bleiben möglichst am Boden. Nach ca. 20 Sekunden Seitenwechsel.

▸ **„Ausfallschritt"** zur Dehnung der Wadenmuskulatur: Mit den Händen in Brusthöhe gegen die Bande lehnen/stützen. Einen Fuß weit hinter den Körper absetzen gleichzeitig das andere Bein beugen. Das Gewicht auf dieses Bein verlagern bis Spannung in der nach hinten gestellten Wade spürbar wird. Nach ca. 20 – 30 Sekunden die Seite wechseln.

Wichtig

Und damit diese Vorschläge wirklich fit und Lust auf mehr machen, abschließend einige ganz wichtige allgemeine Hinweise zum Üben:
Warm machen ist kein Wettkampf! – Was nicht bedeutet, dass die einzelnen Übungen zum Dehnen und Kräftigen nicht exakt ausgeführt werden müssten!
Warm machen darf nicht wirklich weh tun! – Bei Schmerz ist die Dehnung sofort zu verringern!
Warm machen ist wichtig, da es Verletzungen vorbeugt und die Beweglichkeit steigert.
Warm machen ist witterungsunabhängig, also auch dann angesagt, wenn's draußen warm ist!

Ohne Dehnen und Mobilisieren läuft gar nichts.

Übungen zum Kräftigen

▸ Wie wäre es mal wieder mit **Gummitwist**?

▸ Zur **Kräftigung der Bauchmuskulatur** aus der Rückenlage mit angezogenen Beinen Aufrollen des Oberkörpers bis zur Lendenwirbelsäule, wobei die Hände dicht über dem Boden in Richtung Fersen geschoben werden.

▸ Zur **Stabilisation und Kräftigung der Bereiche Becken und Schulter** in der Liegestützposition auf den Unterarmen den Körper wie ein Brett anspannen. Der Kopf befindet sich in Verlängerung der Wirbelsäule (**Achtung**: Kopf hierbei niemals in den Nacken nehmen!); die Lendenwirbelsäule darf nicht absinken, da dieses die Bandscheiben belasten würde.

Und damit das mit dem Warmmachen nicht untergeht sondern ganz im Gegenteil schnell zur Routine der Voltigierer wird, sollten zu jeder Trainingseinheit mehrere „**Stationsangebote**" gehören, die die Aktiven entweder selbstständig oder mit Hilfe des Sportassistenten nach und nach abarbeiten. Am einfachsten ist dies, wenn pro Übung eine Karteikarte existiert, auf der in Text und Bild die Anforderungen vorgegeben sind. Während die Stationen Lockern, Dehnen, Kräftigen und Holzpferd bleiben, wechseln dann z. B. von Stunde zu Stunde die Übungen. So bleibt auch das Programm rund um den Pferderücken spannend, abwechslungsreich und nicht zuletzt gewinnbringend.

Übungen zum Warmbleiben
und Spaßhaben

▸ **Übungen mit Luftballon(s) oder Softball**

▸ Ballon(s)/Softball auf dem Kopf oder einer Fingerspitze von einer Hallenseite zur anderen befördern.

▸ Ballon/Softball auf einem Bein stehend balancieren oder auf einem Knie balancieren oder in Rückenlage auf der Fußsohle balancieren.

▸ Im Stehen den Ballon/Softball in die Luft schlagen, hinhocken, hinsetzen oder hinlegen, den Ballon / Softball wieder in die Luft zurückstoßen, wieder aufstehen und beliebig wiederholen.

▸ Zwei Partner transportieren gemeinsam einen Ballon/Softball zwischen den Köpfen (dem Bauch oder Rücken) von einer Hallenseite zur anderen.

▸ Die Gruppe steht im Kreis und gibt einen (zwei oder drei) Ballon(s)/Softbälle innen im oder außen um den Kreis mit den Fingerspitzen weiter.

▸ Die Gruppe versucht, doppelt so viele Luftballons / Softbälle wie Teilnehmer oberhalb eines abgesteckten Spielfeldes in der Luft zu halten.

▸ **Übungen mit Teppichfliesen**

▸ Alle Fliesen im Spielfeld (z. B. eine Reithallenhälfte) werden umlaufen oder auf beiden Beinen bzw. einbeinig übersprungen.

▸ Wer von zwei Voltis schafft am schnellsten, die meisten im Spielfeld beliebig verteilten Fliesen herumzudrehen?

▸ Welches Voltipaar kommt am schnellsten von einer Hallenseite zur anderen mit nur 2 Fliesen, die von einem gelegt und vom anderen beschritten werden müssen?

▸ Welche drei Voltis schaffen es am schnellsten, alle Fliesen an einer Wäscheleine mit Wäscheklammern (**Achtung**: Auf Stabilität der Anbindepunkte der Leine achten!) aufzuhängen?

▸ Die Gruppe steht im Kreis und versucht eine Fliese (Ohne Hände!) mit den Knien durchzureichen. In Gegenrichtung könnte dann z. B. noch ein (Luft)-ball(on) weitergegeben werden.

▸ **Übungen mit Zeitungen**

▸ Jeder läuft mit einem Blatt vor dem Bauch durch die Halle – wer verliert seins als Letzter?

▸ Jeder dreht seine Zeitung zum Stab und balanciert einen Luftballon darauf oder treibt mit dem Zeitungsstab den Ballon durch die Halle.

▸ Die Gruppe bildet eine Schlange. Der letzte Volti bekommt einen Zipfel von einem Zeitungsblatt in den Hosenbund gesteckt. Der Schlangenkopf versucht nun seinen eigenen Schwanz zu erjagen. Bei Erfolg steckt er sich seinerseits die Zeitung in den Bund und das Spiel beginnt von vorn.

▸ Beim Zeitungsvolleyball versuchen je zwei Voltis gemeinsam einen Luftballon mit einer Zeitung über eine Schnur zu spielen. Das ganze funktioniert übrigens auch mit einem Softball und Geschirrtüchern oder Aufnehmern (Bodentüchern). Wer harmoniert am besten miteinander?

▸ Beim Umrisseraten bekommt jeder Volti ein Zeitungsblatt. Jeder reißt dann nur mit seinen Fingern den Umriss eines Tieres aus der Zeitung. Wer erkennt die meisten Tiere?

Nach A wie Ausrüstung und G wie Gymnastik wäre unbedingt noch das S wie Sicherheitsaspekte zu thematisieren.

Oberstes Gebot: Die Sicherheit!

Dass Pferde angesprochen werden müssen, bevor man sich ihnen nähert, haben wir ja bereits erwähnt. Aber auch in der Voltigierstunde selbst gilt stets zu beachten, dass Pferde von ihrer Geschichte her Flucht- bzw. Lauftiere und auch Herdentiere sind. Das heißt, dass sie nicht unbedingt menschlich sondern eher artgerecht reagieren.

- Pferde lieben Rituale, Automatismen schaffen Sicherheit!!!
- Pferde hassen hohe spitze Töne und Hektik besonders in dem Bereich, in dem sie nicht besonders gut sehen!!!

Ist der Stundenablauf also geregelt und weiß das Pferd, dass es sich auf seine Menschen verlassen kann, bringen es auch Auftritte in der Öffentlichkeit nicht gleich aus der Ruhe.

Hand aufs Herz, das ist doch wirklich nicht viel, trägt aber ehrlicherweise dazu bei, unschöne Bilder oder gar Unfälle zu vermeiden und darf deshalb keinesfalls fehlen.

Von V wie Verantwortung für Mensch und Tier handelt eigentlich der gesamte Ratgeber!

Neben Bewegungs-, Gesundheits- und Sicherheitserziehung ist Voltigieren Lebens- bzw. Beziehungsschulung. Wir freuen uns miteinander und trösten uns gegenseitig.

Wir machen Partnerübungen, genießen die Gruppe oder anders gesagt:

Wir haben FAIRstanden!

Wir bleiben dran! ... und du auch! Male doch mal mit deinen Voltigierfreunden Sicherheits- oder „Schon gewusst"-Plakate für den Verein!

Fair-play braucht Partner!

Von Motivations- und Leistungsabzeichen

Genau wie bei anderen Pferdesportarten unter dem Dach der Deutschen Reiterlichen Vereinigung (FN) gibt's auch im Voltigieren die Möglichkeit, Abzeichen zu erwerben.

Vom Basispass Pferdekunde – der im Übrigen auch ein Knüller für Voltieltern werden kann – war ja schon in einem anderen Kapitel die Rede, deshalb geht's hier schwerpunktmäßig um die „übrigen" Leistungs- & Motivationsabzeichen.

Wer kann / sollte und wo kann man denn nun welches Abzeichen erwerben. Eine berechtigte Frage, die persönlich von jedem Zuständigen in einer ordentlich organisierten Voltigierabteilung beantwortet oder hier nachgelesen werden kann. Natürlich können wir an dieser Stelle keine Ferndiagnose bzgl. Eurer Leistung erstellen, aber wir listen auf, was mindestes beherrscht werden muss, bevor Urkunde und Pin oder Stoffabzeichen ausgehändigt werden.

Die Motivation des Voltipferdes kann z. B. durch Weideaufenthalte frisch gehalten werden.

Die Motivationsabzeichen

Bleiben wir beim Voltigieren und beginnen mit dem einfachsten – „Dem Kombinierten Hufeisen".

Gemeinsam mit dem Kleinen und dem Großen Hufeisen bildet es zur Zeit die Gruppe der Motivationsabzeichen.

Die Prüfung besteht aus insgesamt drei Teilprüfungen, die an einem Tag bzw. an zwei aufeinander folgenden Tagen abzulegen sind. In der Teilprüfung Voltigieren geht es um das Lösen einfacher Bewegungsaufgaben in spielerischer Form einschließlich Partnerübungen auf beiden Händen in beliebiger Gangart. Es werden **keine** konkreten Übungen auf dem Pferd benannt – verschiedene Positionen sind jedoch erwünscht. Ein tolles Angebot – wie wir finden – und sicherlich fällt es Euch und Eurem Ausbilder

Huch – so sieht's hier unten aus!

nicht schwer, z. B. am Ende einer intensiven Pferde-freizeit oder eines Sommerferienspezialkurses die richtige Übungen zusammenzustellen, mit den beiden anderen Teilprüfungen zu üben und sich dann erfolgreich der Prüfung zu stellen.

In Ergänzung zum Voltigieren muss der Kombi-Huf-eisenaspirant dann z. B. noch Laufen (oder: Schwimmen, Radfahren, Inline-Skaten, Ski(lang)laufen oder Handball, Fußball, Basketball, Volleyball oder Hockey spielen) und (Geschicklichkeits-) Spiele gemäß FN-Handbuch Pferdesport absolvieren. Erlaubt oder denkbar sind auch zwei weitere Sportarten neben dem Voltigieren ohne Spiele. Euer Ausbilder sollte bei der Reiterlichen Vereinigung konkret nachfragen, damit sind dann vielleicht auch alle noch so aktuellen Trendsportarten direkt mit einbeziehbar. Das heißt aber auch, dass nicht nur von Bundesland zu Bundesland oder von Kreis zu Kreis die Prüflinge anderes zu leisten haben, das bedeutet konkret, dass eigentlich keine Prüfung wie die andere abläuft.

Aber dennoch verbindet sie alle ein ganz wesentlicher Aspekt: nämlich der der MOTIVATION! Wo auch immer die Prüfung angesetzt ist, sind sicherlich alle Aktiven

dabei, ihr Bestes zu geben und sowohl beim Voltigie-ren als auch bei den anderen Sportarten oder beim Spielen all ihr Können unter Beweis zu stellen.

Wer mehr über Prüfungsort,- kommission, -ergebnis oder Urkunde und Abzeichen erfahren möchte, der leiht oder kauft sich am besten eine APO. Die Ausbil-dungsprüfungsordnung ist eines der wichtigsten Wer-ke der FN und klärt unter anderem auch über die Pferdepflegerausbildung oder die Trainerausbildung im Voltigiersport auf.

Lesend auf dem Laufenden bleiben

APO konkret

Kombiniertes Hufeisen Voltigieren

Pferde- bzw. Grundblock
Voltigieren: Einfache Bewegungsaufgaben (inkl. Partnerübungen)
auf beiden Händen lösen, verschiede Positionen in beliebiger Gangart.
Ergänzungsblock / andere Sportarten
Laufen, Schwimmen, Radfahren / Mountainbiking, Inline-Skating, Ski(lang) laufen oder Mannschaftssportarten (Handball, Fußball, Basketball, Volleyball, Hockey) oder Spiele oder ein Streckenritt.

Das Kombinierte Hufeisen in der Praxis
Hier drei denkbare „Prüfungsmodelle", die sich aber lediglich als Anregung und keinesfalls als ausschließliche Möglichkeiten verstanden wissen wollen:

▸ **Modell I**
Voltigieren,
z.B.Mitgehen/-laufen mit dem Pferd im gleichen Takt,
4 Einzelübungen in unterschiedliche Bewegungsrichtungen,
2 Partnerübungen in Sicherungsposition,
1 Abgang aus der mittleren Ebene,
1 Spiel / Bewegungsaufgabe auf dem Pferd mit geschlossenen Augen.
Skilanglauf   30 Minuten
Mountainbiking   30 Minuten

▸ **Modell II**
Voltigieren,
z.B. 2 dynamische Einzelübungen,
2 statische Einzelübungen,

2 Partnerübungen, bei der beide Partner die gleiche Übung turnen,
mit geschlossenen Augen über eine Stange traben,
1 Spiel als Aktiver auf dem Pferd / vor der Gruppe (z.B. Hasenohren- Geige-spielen oder Hallo Echo).
Fußball,
inkl. Dribbeln, Doppelpass, Flanken, Inseitstoß, Vollspannstoß, Torschuss.
Spiele,
Eierlaufen plus Krabbeltunnel, Sackhüpfen plus Zielwerfen, Sommerskilaufen
oder Tschoukballspielen – die Alternative zu Hand- und Basketball.

Ganz besonders anspruchsvoll: Mitgehen/-laufen im gleichen Takt der Vorderbeine mit geschlossenen Augen.

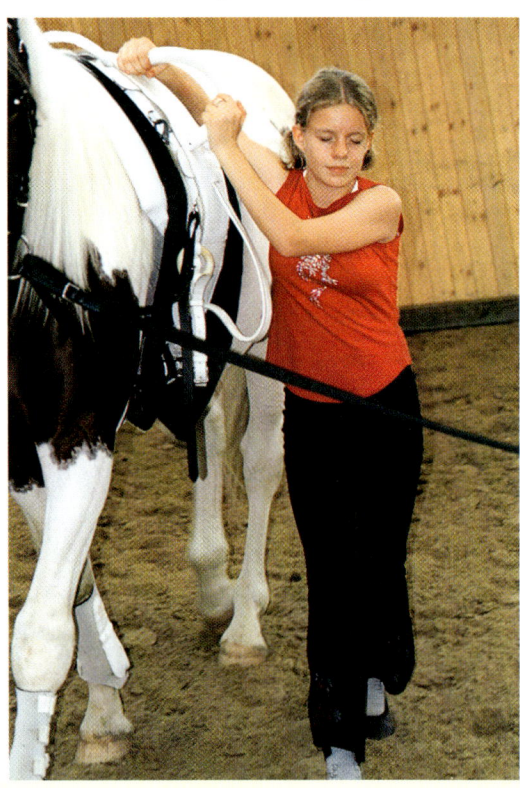

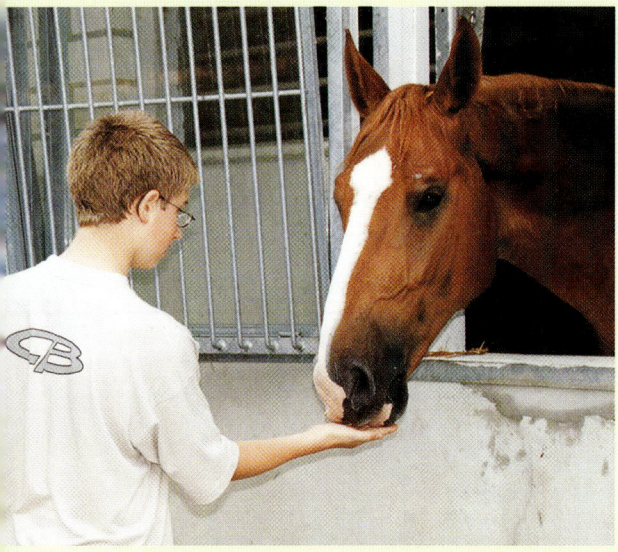

Auch „Danke" sagen lernen gehört beim Voltigieren dazu.

▸ Modell III

Voltigieren,

z. B. 2 Partnern aufs Pferd helfen,

1 Übung mit dem Bauch zur Hallendecke,

1 Übung in der Fußschlaufe,

1 Übung mit möglichst viel Kontakt zum Pferd,

Vom Pferd aus Bierdeckel von einem Partner / Ständer zum nächsten transportieren.

Mit geschlossenen Augen ansagen, wann genau eine Zirkelrunde im Trab / Galopp erreicht ist.

Inline-Skating	30 Minuten
Cart fahren	je nach Bahn, die vorgegebene Zeit bzw. Rundenzahl beachten.

Das Kleine und Große Hufeisen in der Praxis

Beim Kleinen Hufeisen sind Aktive, also Kinder und Jugendliche, zugelassen, die im laufenden Kalenderjahr nicht älter als 16 Jahre werden.

Beim Kombinierten und beim Großen Hufeisen dürfen die Teilnehmer im laufenden Kalenderjahr nicht älter als 18 Jahre werden. Das Kleine und das Große Hufeisen bestehen nur aus zwei Teilprüfungen, aber auch hier kann die Prüfung auf zwei aufeinanderfolgende Tage verteilt werden.

Bezüglich allem was den Prüfungsort, den Ausbilder, die Prüfungskommission oder die Gebühren betrifft, empfehlen wir wieder die Nachfrage im Reiterverein oder Pferdebetrieb oder den Blick in die bereits angesprochene APO. Hier soll sich wieder nur alles um die praktischen und theoretischen Grundkenntnisse der Prüflinge drehen. Auch die sind in der APO vorgegeben.

Man(n) wäscht: Ausrüstungssäuberung ist Ehrensache für Hufeisenkandidaten.

Pferdeversorgung/-pflege – der Hufeisenkontakt schlechthin

Das Kleine Hufeisen Voltigieren

▸ **Praktischer Teil**
▸ Umgang mit dem Pferd (Pferdeversorgung vor und nach der Arbeit),
▸ Führen inkl. Wendungen und an anderen vorbei,
▸ (Mithilfe beim) Gurten und Zäumen
▸ Voltigieren (ggf. im Takt mittraben oder -galoppieren, Hilfestellung beim Aufgang geben können, eine Kürübung und 4 Pflichtübungen aus dem D-Programm im Galopp oder Schritt)

▸ **Theoretischer Teil**
▸ Der Anwärter ist in jedem praktischen Teil (s.o.) auch theoretisch zu prüfen.
▸ Bezeichnung der wichtigsten Putz- und Ausrüstungsgegenstände plus Lederpflege
▸ Grundsätzliches bzgl. Verhalten des... und Umgang mit dem Pferd
▸ Basiswissen auf dem Gebiet der Pferdehaltung, -fütterung, des Tierschutzes und der Unfallverhütung
▸ Grundkenntnisse über Voltigierausrüstung und -übungen

In der Präambel der Hufeisenausbildung in der APO steht Folgendes:

„Aufgabe der Motivationsabzeichen ist es,
▸ dem Bewerber grundlegende Kenntnisse und Fertigkeiten im Umgang mit dem Pferd zu vermitteln,
▸ ihn mit spielerischen Elementen an das Reiten bzw. Voltigieren heranzuführen..."

Da es sich jedoch um Motivationsabzeichen dreht, werden die praktischen Anforderungen häufig zu Gunsten der Voltigierer „variiert", und deshalb ist auch das Kleine Hufeisen keineswegs überall 100%ig identisch.

Absolut korrekt ist, wenn – wie aus dem Überblick ersichtlich – in der praktischen Teilprüfung außer dem Im-Takt-Mittraben oder -Mitgaloppieren eine Kürübung und vier Pflichtübungen aus dem D-Programm (s. S. 28) nach Wahl im Galopp bzw. Schritt zu absolvieren sind.

Im theoretischen Teil geht es dann noch um die Bezeichnung der wichtigsten Putz- & Ausrüstungsgegenstände, die Lederpflege und die Grundsätze auf dem Gebiet des Pferdeverhaltens sowie des Umgangs mit dem Pferd bzw. der Verantwortung ihm gegenüber. Das hört sich vielleicht kompliziert an, ist es in Wirklichkeit aber auch nicht.

Auch das Kleine Hufeisen ist vom zeitlichen Rahmen her in den großen Ferien oder bei anderen Intensiv-

kursen erwerbbar und wird gerne mit dem Seepferd-
chen bei den Schwimmsportlern verglichen.
Wem das immer noch zu theoretisch ist, für den an
dieser Stelle ebenfalls ein denkbares **Modell**:

▸ **Die Praxis:**
Mitlaufen mit dem Pferd im Trab (mit offenen und
dann geschlossenen Augen)
Wenn man groß/kräftig genug ist, jemand anderem
Hilfestellung beim Aufsitzen geben
Aufgang (mit Hilfe im Schritt)
Sitzen & Knien im Galopp
Wende (vom Pferd ab im Schritt)
Eine beliebige Partnerübung

▸ **Die Theorie**
Anbinden und Putzen eines Pferdes, bei gleichzeiti-
gem Benennen der (Putz-) Gegenstände
Mithelfen beim Aufgurten/-trensen des Pferdes, bei
gleichzeitigem Benennen der verschiedenen Ausrüs-
tungsgegenstände
Führen des Voltigierpferdes (wenn es die Größen-
/Temperamentsverhältnisse zulassen)
Buntmalen/Beschriften/Ausschneiden & Aufkleben
von 2 Arbeitsblättern z.B. über die verschiedenen
„Gesichtsausdrücke" bei Pferden oder verschiedene
Sicherheitsaspekte betreffend.
Natürlich kann auch ein zuvor in kleine Quadrate zer-
schnittenes Poster wieder zusammengesetzt werden.

Knien

Führen

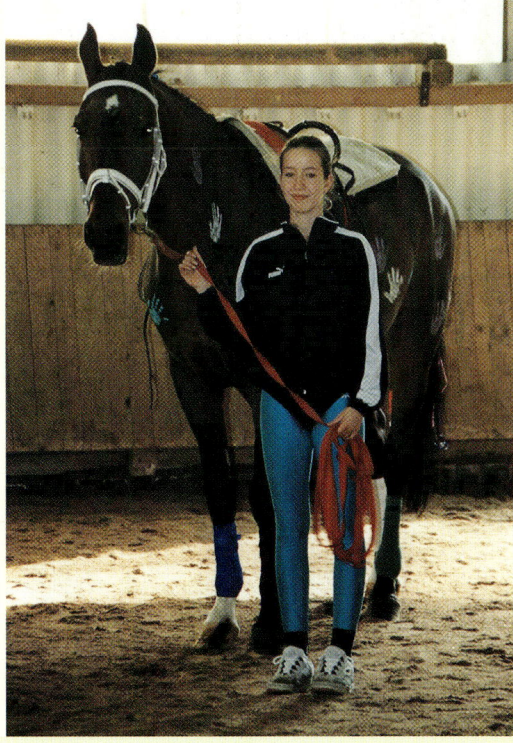

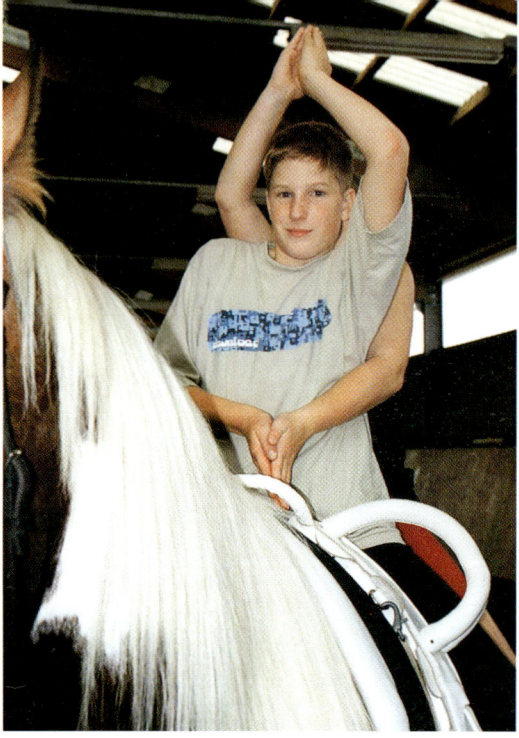

Das Große Hufeisen

▶ **Praktischer Teil**
▶ Umgang mit dem Pferd / Pferdeversorgung vor
   und nach der Arbeit, Führen inkl. Wendungen
   und an anderen vorbei und eigentlich auch Gurten und Zäumen inkl. Nachgurten)
▶ Voltigieren (Zeigen der D-Pflicht und einer Kürübung im Galopp)

▶ **Theoretischer Teil**
Der Bewerber ist in jedem praktischen Teil auch
theoretisch zu prüfen:
▶ Bezeichnung der wichtigsten Putz- und Ausrüs-
   tungsgegenstände plus Lederpflege
▶ Pferdeverhalten,
▶ Umgang mit dem Pferd,
▶ ethische Grundsätze
▶ Basiswissen auf dem Gebiet der Pferdehaltung/
   -fütterung., des Tierschutzes und der Unfallver-
   hütung
▶ Grundkenntnisse über Voltigierübungen
   (Pflicht, Kür)

Die einfache Kürübung: Dopp. Grundsitz originell aufgepeppt

Das Große Hufeisen in der Praxis
Dieses Motivationsabzeichen kann sehr wohl als Test
zum Kleinen Voltigierabzeichen dienen, muss es aber
keinesfalls.

*Doppelter Ansporn: Voltis, die bei „der Deutschen" starten
und silberne Abzeichen tragen.*

Das heißt, die Anforderungen sind mit dem Leistungsabzeichen eigentlich fast identisch, nur dass beim Großen Hufeisen keine Mindestnoten erreicht werden müssen, die über Bestehen oder Wiederholen entscheiden.

Wer eine Turnierkarriere plant – und sich seiner Sache schon ziemlich sicher ist – für den ist die Prüfung zum Großen Hufeisen sicher eine prima Generalprobe. Vielleicht handelt es sich bei dem Prüfer sogar um eine(n) Voltigierrichter(in), der/die – nett gefragt – sicherlich sogar zur Orientierung Noten vergibt, um den Aktiven bei ihrer weiteren Trainingsgestaltung unterstützend unter die Arme zu greifen. Auch Kurzprotokolle inkl. Tipps zur gesehenen D-Pflicht der Kürübung im Galopp sind denkbar. Wen es dann nicht zum Turnier zieht – jedenfalls nicht als Teilnehmer – der sei an die Sache mit der Präambel erinnert oder der sagt sich ganz einfach: „und trotzdem…" und schlüpft für eine Weile in eine andere Voltigiererrolle, denn die Motivationsabzeichen sind ja schließlich für alle (bis oder ab 16 Jahren) da!

Da man nicht zwingend ein Kleines Hufeisen haben muss, um ein Großes zu erwerben, geht es natürlich auch hier in der Theorie um die bereits angesprochenen Aspekte. Hinzu kommen Grundkenntnisse auf dem Gebiet der Pferdehaltung, Fütterung, des Tierschutzes, der Unfallverhütung und über Voltigierübungen.

Die Leistungsabzeichen im Voltigiersport

Nach dem Erwerb des Basispasses Pferdekunde besteht die Möglichkeit, das Kleine Voltigierabzeichen (DVA IV) abzulegen. Später können dann noch das

    DVA III (Bronze)
    DVA II (Silber)
    DVA I (Silber mit Lorbeer)

und vielleicht sogar das DVA in Gold folgen.

Einzelvoltigierturnierteilnehmer benötigen Voltigierausweise und die gibt's nur mit Abzeichen.

DVA ist übrigens die offizielle Abkürzung für Deutsches Voltigierabzeichen. Alle Regelungen das/die DVA betreffend, finden Sie wie bereits mehrfach erwähnt, in der APO. Wir beschränken uns im Weiteren auf die Prüfungen zum Kleinen und zum Bronzenen Abzeichen. Wer dann noch mehr (wissen) will, der braucht nicht nur mehr Literatur als diesen Ratgeber, der braucht auch Zeit, Talent, einen guten Ausbilder, ein sorgfältig trainiertes Pferd und eine gute Portion Geduld.

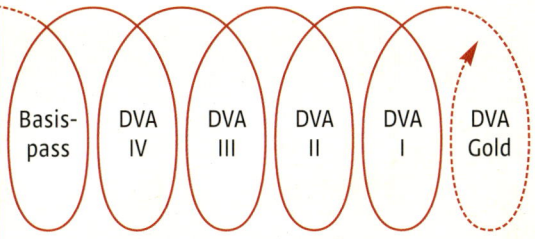

Auch Leistungsabzeichen haben eine Präambel in der **APO**, in der die Aufgabe der DVA's ganz eindeutig festgehalten wird. Demnach ist es Aufgabe des Deutschen Voltigierabzeichens,

„praktische & theoretische Kenntnisse und Fähigkeiten im Voltigiersport zu vermitteln und zu überprüfen

eine sinnvolle, an den Richtlinien für Voltigieren orientierte Ausbildung zu fördern

einen Leistungsanreiz zu schaffen und den jeweiligen Ausbildungsstand zu überprüfen".

Weiter ist nachzulesen, dass der Ausbildungsstand so sein sollte, dass die Prüflinge den Anforderungen „locker" gewachsen sind, sie die Prüfung mit gutem Erfolg ablegen können müssten und Lust auf mehr – sprich weitere Abzeichen – bekommen sollten.

Das Kleine Voltigierabzeichen (DVA IV)

▸ **Praktischer Teil**
▸ D-Pflicht auf dem galoppierenden Pferd mit der Mindestnote 5,0 (die Notenskala geht von 0 – 10,0) je Übung (liegt die Note nur einer Pflichtübung darunter, kann diese wiederholt werden!).

▸ **Theoretischer Teil**
▸ Grundkenntnisse auf dem Gebiet des Umgangs mit dem Pferd, der Pferdehaltung und des Tierschutzes, Kenntnisse bzgl. der einschlägigen Bestimmungen des Tierschutzgesetzes
▸ Grundkenntnisse auf dem Gebiet der Voltigierlehre und Ausrüstung des Voltigierpferdes

Auch die Leistungsabzeichenprüfungen bestehen sowohl aus einem praktischen wie auch aus einem theoretischen Teil.

Im sportlichen Teil ist auf dem galoppierenden Pferd die D-Pflicht zu turnen (mit einer Mindestnote von 5,0 je Übung).

Im theoretischen Teil liegt der Schwerpunkt ganz bestimmt auf den Grundkenntnissen auf dem Gebiet der Voltigierlehre. Pferdpflege, -haltung und -fütterung sowie die Ausrüstung wurden ja schließlich bereits beim Basispass Pferdekunde thematisiert bzw. geprüft.

Und nun für diejenigen, die die D-Pflicht nicht kennen – und allgemein der Vollständigkeit halber – hier alle Übungen:

1. Pflichtblock: * Aufsprung I
                   * Grundsitz II
                   * D-Fahne III (daraus in den)
                   * Liegestütz IV (Einbücken zum Sitz und Abgang nach außen)
2. Pflichtblock: - Seitsitz V (Innen und Außen)
                   - Knien VI
                   - Wende nach innen VII

Auch beim Abzeichen muss das Outfit stimmen.

D-Fahne (oben)

Aufsprung(phase) (unten)

Das Bronzene Voltigierabzeichen (DVA III)

Dieses Abzeichen kann nur erwerben, wer mindestens 3 Monate im Besitz des DVA IV (und auch des Basispasses Pferdekunde) ist.

▶ **Praktischer Teil**
▶ C-Pflicht auf dem galoppierenden Pferd mit der Mindestnote 5,0 (die Notenskala geht von 0–10,0) je Übung (liegt die Note nur einer Übung darunter, kann diese im Anschluss nochmals wiederholt werden!).

▶ **Theoretischer Teil**
▶ Pferdehaltung und Umgang mit dem Pferd, Kenntnis der einschlägigen Bestimmungen des Tierschutzgesetzes und der Pferderassen im Pferdesport
▶ Kenntnisse auf dem Gebiet der Voltigierlehre
▶ Organisation des Reit-, Fahr- und Voltigiersports

Eine tolle Sache, nicht nur bei der Prüfung sondern auch beim Training: eine Videoaufzeichnung

An einem Prüfungstag (bzw. an 2 aufeinander folgenden Tagen) ist auf dem galoppierenden Pferd die C-Pflicht zu turnen (und mit der Mindestnote von 5,0 je Übung abzuschließen).

Im theoretischen Teil geht es dann sicherlich schwerpunktmäßig um Kenntnisse auf dem Gebiet der Voltigierlehre sowie der Organisation des Reit-, Fahr- und Voltigiersports. Umgang mit ... und Verantwortung für das Pferd wurden ja bereits mehrfach erwähnt beim Basispass Pferdekunde thematisiert & geprüft. Und nun auch hier die Übungen:

1. Pflichtblock: Aufsprung; Halbe Mühle (4er Takt) mit Rückwärtssitz frei; Stützschwung rücklings (Abgang aus dem Rückwärtssitz nach innen).

2. Pflichtblock: C-Fahne (aus der Bank aufhocken zum Stehen); Stützschwung (vorwärts); Wende nach außen.

So viel an dieser Stelle zu den Motivations- und Leistungsabzeichen. Wer jetzt auf den Geschmack gekommen sein sollte, der hört am besten mal bei einem

Pferdebetrieb oder Reiterverein in seiner Nähe nach, wann die nächsten Prüfungen laufen. Es gibt sicherlich die Gelegenheit, irgendwo zuzusehen oder vielleicht sogar schon mit dabei zu sein, wenn die Sache mit der Mitgliedschaft und dem dazugehörigen Versicherungsschutz bereits geklärt ist. Von hier also nur nochmals viel Spaß beim Lehrgang und **toi, toi, toi für die Prüfung – egal welche.**

Je höher die Anforderungen desto komplexer die Vorbereitung: mentaler count-down

Von Sport, Spaß, Spannung, Spitzensportlern und dem Voltigier-ABC

Voltigieren gehört zu den Sportarten, die unter dem Dach der Deutschen Reiterlichen Vereinigung zu Hause sind. Genau wie beim Reit- und Fahrsport unterliegen die Aktiven bei der Teilnahme an offiziellen Vergleichswettkämpfen, Voltigiertagen und -turnieren den Bestimmungen bzw. Vorgaben des Dachverbandes und der Regionalverbände.

Das muss aber keineswegs bedeuten, dass Spaß und Begeisterung von vorne herein verbannt sind – ganz im Gegenteil. Kreativität und Bewegungsfreude wird eigentlich überall in Deutschland groß geschrieben...

und wenn schon das wöchentliche „Training" Spaß macht, warum dann nicht auch die (Ziel-) Veranstaltung?

Ohne selbst gesteckte Ziele läuft nämlich nichts. Ziele, die es zu erreichen gilt, sind Appetitanreger, Geschmacksverstärker und Spezialität in einem – egal wie groß oder klein sie sind. Das heißt Ziele sind so individuell und klein bzw. groß, wie die Voltigierer selbst.

Während der eine noch daran arbeitet, sich zu trauen auf dem Pferd die Augen zu schließen oder im Galopp ohne Hilfe abzuspringen, ackert der nächste z. B. an den Übungen zum Erwerb des Kleinen Voltigierabzeichens, während wieder ein anderer von der Qualifikation zur Teilnahme an einer (inter-) nationalen Meisterschaft träumt.

Der Voltitag – das Erlebnis

Publikumsmagnet Spitzensport

Und all das ist Voltigieren

Voltigieren erlaubt kleine und große Ziele bzw. Träume. Beim Voltigieren finden sich Gleichgesinnte, mit denen man diese Ziele und Träume teilen kann.

Zum Voltigieren findet man vielleicht per Zufall, aber warum Mann, Frau, Jugendlicher und Kind dabei bleibt, kann jeder mehr oder weniger ausführlich begründen – und sei es nur mit einem Strahlen über das ganze Gesicht.

Voltigieren ist eben auf jeder Ebene toll, wenn auch mit jeder „Schwierigkeitsstufe" auch die Regularien zunehmen. Während z. B. der reine Breitensportler weder zentral erfasst wird, noch einen besonderen Teilnehmerausweis (z. B. für den Start bei einem Vol-

tigiertag) benötigt, haben Turniersportler im Vorfeld gleich mehrere Bedingungen zu erfüllen, um turniersportmäßig durchstarten zu können. So müssen z. B. Voltigierausweise für die Voltis und ein Longenführerausweis für den Menschen in der Zirkelmitte beantragt werden. (Bei der FN erhaltet ihr Merkblätter, wie das ganze genau funktioniert.) Und was für die Zweibeiner gilt, gilt erst Recht für die Vierbeiner. Die haben ja seit kurzem sowieso immer einen „Personalausweis" oder genauer gesagt einen Equidenpass mit sich zu führen. (Wie das funktioniert steht übrigens im Ratgeber: 1. Turnierstart oder aber der Interessent wendet sich wieder direkt an die FN zwecks Aufklärung.) Je nach Leistungsklasse im Turniersport

Begeisterung pur

Voltigieren – weltumspannend

LPO konkret

Ein Überblick über §§ und Bestimmungen der Leistungsprüfungsordnung, die den Voltigier-Turnier-Sport betreffen.

Teil A: Allgemeine Bestimmungen

§ 1 – 5 Grundbestimmungen

§ 6 – 20 Voraussetzungen für die Beteiligung im Pferdeleistungssport gemäß LPO (Stichworte: Turnierpferd / Turnierteilnehmer / Altersklassen / Reit-, Fahr-, Longenführer-, Voltigierausweise)

§ 23 – 32 Ausschreibungen (Stichworte: Inhalt, Geld- & Ehrenpreise, Schleifen, Nenn-/Startgeld)

§ 33 – 36 Nennungen (Stichwort: Inhalt, Gültigkeit, Nennungsschluss, Zurückziehen)

§ 37 – 38 Ergebnisse (Stichworte: Listen, Meldung, Registrierung)

§ 39 – 52 Durchführung von Wettbewerben und Leistungsprüfungen (Stichworte: Turnierleitung, Fachleute, Melde- & Rechenstelle, Zeiteinteilung, Start(folge), Verhalten auf Pferde(leistungs)schauen)

§ 53 – 61 Beaufsichtigung von WB und LP, Platzierung und Beurteilung (Stichworte: Aufgabe der Richter, Richtverfahren, Platzierung)

§ 62 – 67a Teilnahmeberechtigung (Stichworte: Teilnahmevoraussetzungen, Teilnahmebeschränkung, Verfassungsprüfungen, Pferdekontrollen, Doping usw.)

§ 68 – 73 Ausrüstung von Teilnehmern und Pferden / Ponys (Stichwort: Voltigierausrüstung, Werbung)

§ 74 Einteilung der WB und LP

Teil B: Besondere Bestimmungen

§ 100 – 107 Breitensportliche Wettbewerbe (Stichworte: Pflegewettbewerbe, Voltigierspiele)

§ 200 – 210 Voltigier-Wettbewerbe & – Leistungsprüfungen der Kat. C (Breitensportliche WB D-Gruppen), B (C- & B-Gruppen, B-Einzelvoltigierer, Doppelvoltigierer) und A (A-Gruppen & A-Einzelvoltigierer) (Stichworte: Ausschreibungen (Pferdealter), Beurteilung, Durchführung (Zirkeldurchmesser, Gruß, Musik), Richtverfahren, Endnote, Platzierung, Anforderungen, Protokoll …)

Teil C: Rechtsordnung

§ 900 – 907 Allgemeine Bestimmungen (Stichwort: Grundsätze, Schiedsgericht, Verfahren)

§ 910 – 916 Einsprüche (Stichworte: Einspruchsberechtigter, – gegner, Fristen, Gütliche Erledigung, Auswirkung …)

§ 920 – 932 Ordnungsmaßnahmen (Stichworte: Verstöße, Arten der Ordnungsmaßnahmen, Ermittlungen, Ordnungsliste …)

Auszug aus dem Tierschutzgesetz

Die Ethischen Grundsätze des Pferdefreundes

Teil D: Durchführungsbestimmungen

Zu § 20 LPO (Leistungsklassen & Teilnahmeberechtigung Voltigieren)

Zu § 66 LPO (Teilnahmeberechtigung pro Tag)

Zu § 72 LPO (Ausrüstung der Teilnehmer / Pferde, Ponys)

Zu § 200 LPO (zulässige Ausschreibungen)

Zu § 204 LPO (Bewertung(skriterien) Pflicht / Kür, Abzüge)

Zu § 206 LPO (Anforderungen – inkl. Beschreibungen)

D-Gruppen (Pflicht, Pflichtkür)

C-Gruppen (Pflicht, Kür)

A/B Pflicht und Einzelpflicht

Doppel

Kürkatalog & Formblätter (Bewertungsbögen, Leistungsnachweise, Rück- & Höherstufungsanträge)

Anhang

u. a. Wettkampfanordnung für Menschen mit Behinderung im Pferdesport

oder (inter-) nationalem Einsatzort, kommen dann noch weitere „Ausweise" hinzu – aber das genau zu erklären kann und will nicht die Aufgabe dieses Ratgebers sein. Nun infiziert? Dann ist es uns mit unserer Fotoauswahl sicherlich gelungen, etwas von der Begeisterung und dem (Spitzen-) Sport Voltigieren weiter zu geben.

Kleines Voltigier – ABC

-A-

▸ **Ablongieren**

Bevor die Voltigierer in der (Trainings-) Stunde auf's Pferd dürfen, läuft das Pferd mindestens eine Viertelstunde ohne Voltigierer auf dem Rücken auf dem Zirkel oder entlang der Bande.

▸ **Aufwärmen**

Bevor die Voltigierer auf's Pferd dürfen, haben sie ihren Körper mit Spielen und Gymnastik auf „Betriebstemperatur" zu bringen.

▶ **Abladen**

Ein Pferd / Pony von einem Anhänger / Transporter her runterholen.

▶ **Abzeichen**

Weiße Haarstellen in verschiedenster Form am Kopf und an den Beinen des Pferdes.

▶ **Anlehnung**

Die weiche / stetige Verbindung zwischen der Hand des Longenführers und dem Pferdemaul.

▶ **Aufladen**

Ein Pferd / Pony auf einen Anhänger / Transporter führen.

▶ **Ausbinder / Ausbindezügel**

Hilfszügel, der beim Longieren unentbehrlich ist, da er gemeinsam mit der Longe Anlehnung und Längsbiegung – vergleichbar der beim Reiten – ermöglicht.

Im Gegensatz zu Bandagen sind Gamaschen kinderleicht anzulegen.

-B-

▸ Bandagen

Ca. 8–10 cm breite und 2,5 bis 3 m lange elastische Binde, die mit und ohne Unterlage um den unteren Teil der Pferdebeine gewickelt wird, um diese zu schützen und zu stützen.

▸ Bande

„Umrandung" der Reit- oder Longierhalle bzw. abgeschrägte Schutzwand entlang des Hufschlags.
Biegung
Das Biegen des Pferdes in den Rippen in Wendungen – z.B. dem Zirkel.

▸ Box

„Einzelzimmer" (3m x 3,5 m Grundfläche mind.) eines Pferdes im Stall.

▸ Brandzeichen

In vielen europäischen Ländern übliche Kennzeichnung von Pferden als Herkunftsnachweis. Brandzeichen werden dem Pferd meist mit glühend heißem Eisen (auf den Hinterschenkel) eingebrannt.

▸ Brauner

Pferd mit bräunlichem Deck- und schwarzem Langhaar.

-C-

▸ Cavaletti

Kleine, etwas höhenverstellbare Bodenricks, die bei der Arbeit mit dem Pferd genutzt werden können oder zum Balancieren oder als Sitzgelegenheit dienen.

▸ Charakter

Das Verhalten des Pferdes dem Menschen oder anderen Pferden gegenüber. Teil des Interieurs (Wesen) des Pferdes, der dann auch das Verhalten des Tieres in ganz bestimmten Situationen einschließt.

▸ CHIO

Offizielles internationales Reitturnier.

▸ CVI

Internationales Voltigierturnier.

-D-

▸ Decke

Zum Abschwitzen oder zu Transportzwecken oder witterungsbedingt eingesetztes Textil. (s.S. 37)

▸ Doping

Unerlaubte Machenschaften, die die Leistungsfähigkeit des Pferdes oder der Voltigierer steigern sollen.

▸ Doppelvoltigieren

Neben dem Gruppen- und Einzelvoltigieren wettkampfmäßig betriebene Disziplin.

▸ Dressur

An der Regendecke üblich – das ebenfalls schützende Halsteil

Gymnastizierung des Pferdes nach klassischen Methoden unter dem Sattel zur optimalen Ausbildung des Bewegungsapparates – eine wichtige Ergänzung zur Arbeit an der Longe.

▸ **Druckstellen**

Sie entstehen, wenn die Pferde nicht sorgfältig geputzt werden, die Gurtunterlage verklebt ist, der Gurt falsch gepolstert ist oder nicht passt.

▸ **Durchlässigkeit**

Oberstes Ziel der Skala der Ausbildung des Pferdes. Ein solches Pferd reagiert willig und ökonomisch auf die Reiter- bzw. Longenführerhilfen.

...chtrainiert ...

► **DVA**
Deutsches Voltigierabzeichen.

► **Dynamische Übung(en)**
Einzel- und Partnerübungen mit erkennbarem An-
fangs- und Endpunkt und bewegtem „Mittelteil", wie
z. B. Schwünge, Sprünge, Drehungen, Rollen usw.

-E-

► **Einzelübung**
Dynamische oder statische Voltigierübung, die von einem einzelnen Voltigierer geturnt wird.

► **Einzelvoltigieren**
Neben dem Gruppenvoltigieren bekannteste Turnier-
disziplin. Einzelwettbewerb für Aktive ab dem 16. Le-
bensjahr bis hin zu Deutschen-, Europa- und Welt-
meisterschaften.

► **Equidenpass**
„Personalausweis" des Pferdes, in dem u. a. auch alle
Abzeichen des Tieres und auch seine Impfungen auf-
geführt sind.

► **Ersatzmann**
Beim Voltigierturnier dürfen in der Gruppe acht Aktive starten und ein Neunter als Ersatzmann mit ein-
laufen.

► **Erste Hilfe**
sollten Ausbilder und Aktive leisten können. Ein entsprechender Kasten gehört in jede Vereinshalle / in jeden Pferdebetrieb.

► **Exterieur**
Die äußeren Merkmale eines Pferdes.

-F-

► **FEI**
Internationale Reiterliche Vereinigung.

► **FN**
Deutsche Reiterliche Vereinigung.

► **Fohlen**
Pferdebaby.

► **Fuchs**
Pferd mit rötlich – braunem Deck- und Langhaar (welches auch heller sein kann).

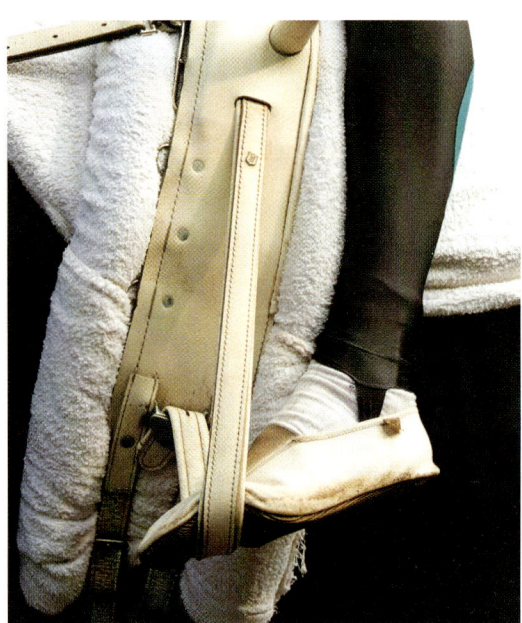

► **Fußschlaufe**

-G-

► **Galopp**
Grundgangart des Pferdes im Dreitakt.

► **Gamaschen**
Vorgeformter, stabiler Beinschutz. (s. S. 36).

► **Gebiss**
(Metall-) Mundstück, welches am Trensenzaum befestigt ist und in das die Longe eingehakt wird.

► **Gesamteindruck**
Eine von über 60 Noten, die beim Gruppenvoltigieren
vom Richter zu vergeben ist.

► **Gurt**
Trägt das Pferd beim Voltigieren anstelle eines
Sattels.

-H-

▸ Halfter
Gebissloses Kopfstück, welches das Pferd beim Führen und Putzen trägt.

▸ Hengst
Männliches, fortpflanzungsfähiges Pferd.

▸ Hilfestellung
Aktion zur Unterstützung oder Sicherung eines Volti-
gierers durch einen anderen Voltigierer oder Helfer.

▸ Holz-/Übungspferd
Unempfindliches, transportables Turngerät fürs
Trockentraining.

▸ Huf
Fuß des Pferdes, der gut gepflegt werden muss, da er
die Last des Pferdes und der Voltigierer zu tragen hat.

▸ Hufeisen
Metallener Schutzbeschlag der Pferdehufe oder auch
Glücksbringer (aber nur, wenn nach oben offen ange-
bracht).

Halfter

-I-

▸ Impfungen
Vorbeugende Maßnahme zur Abwehr von (gefähr-
lichen) Krankheiten wie Tetanus oder Influenza.

-K-

▸ Kaltblut
Temperamentsbezeichnung – Sammelbegriff für alle
schwere Arbeitspferde.

▸ Kappzaum
Ein am Nasenriemen gut gepolsterter und mit Ösen
versehener Zaum.

▸ Kastanie
Hornige Stelle (in Kastanienform) an der Innenseite
der Pferdebeine.

▸ Koppel
Eingezäunte Weidefläche.

▸ Kraftfutter
Energiefutter fürs Pferd (z.B. Hafer, Gerste oder
Mais).

Helfen und sich helfen lassen

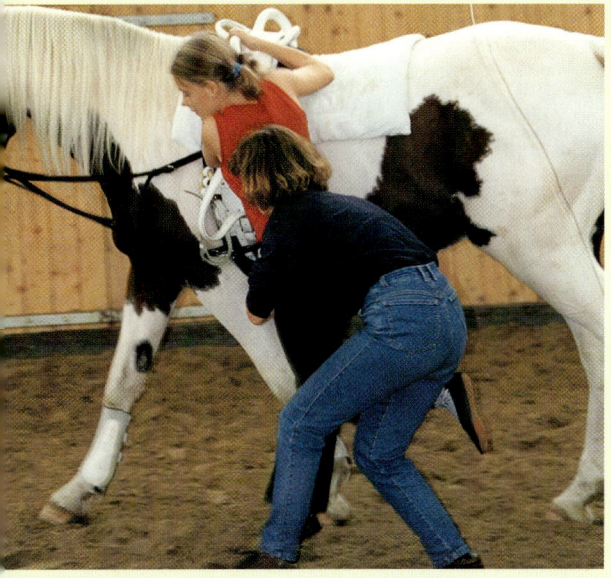

Kürübungen gibt´s für 1-3 Voltigierer gleichzeitig.

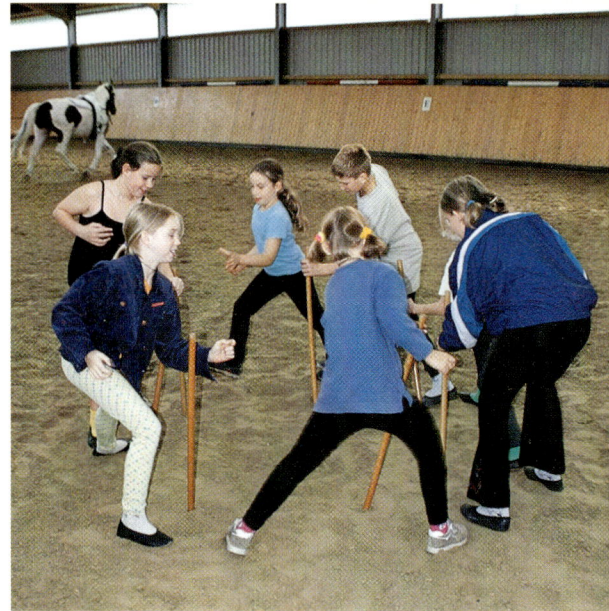

Lockern mal ohne und mal mit Kleingeräten

▸ **Kruppe**
Hinterer Teil des Pferderückens (direkt hinter dem Pad gelegen).

▸ **Kürübungen**
Alle Voltigierübungen, die beim Voltigierturnier nicht zum Pflichtprogramm dieser Leistungsklasse gehören.

-L-

▸ **Lahmen**
Das Pferd lahmt, wenn es mit einem Bein vorsichtiger und kaum auftritt bzw. hinkt.

▸ **Leistungsnachweis**
Bogen, den jeder Turniervoltigierer mit sich zu führen hat, der von der Meldestelle bearbeitet wird.

▸ **Lockern**
Neben Dehnen und Kräftigen wichtiger Bestandteil des Aufwärmens vor dem eigentlichen Voltigieren.

▸ **Longe**
Etwa 9 m lange Leine aus Gurt, die beim Longieren in den inneren Trensenring oder den Kappzaum eingeschnallt und vom Longenführer gehalten wird.

▸ **Longenführer(in)** (siehe Seite 41)

▸ **LPO**
Leistungsprüfungsordnung. Durchführungsbestimmungen für Turniere seitens des nationalen Dachverbandes (FN).

-M-

▸ **Meldestelle**
Organisationsbüro auf Turnierplätzen. Anlaufstelle für die Aktiven.

▸ **Mentales Training**
Zusatztraining, welches Gruppen- und Einzelvoltigierern (auf Meisterschaftsebene) ermöglichen soll, ihre Optimalform zu zeigen.

Longenführerin bei der Arbeit

▶ Motivationsabzeichen
Kombiniertes-, Kleines- und Großes Hufeisen.

▶ Musik
Gehört – vokal oder instrumental – zum Voltigieren einfach dazu. In Harmonie mit der Pferdebewegung zu turnen, gelingt mit Musik häufig schneller und perfekter.

-N-

▶ Nachgeben
Verminderung des Gebissdrucks im Pferdemaul.

▶ Nachgurten
Festziehen des Voltigiergurtes nach der 10 minütigen Führphase zu Stundenbeginn und dem Ablongieren. Wird das Gurt-„Korsett" sofort zu eng gezogen, kann Gurtzwang die Folge sein.

▶ Nasenriemen
Teil des Zaumzeugs, der beim Auftrensen als erster geschlossen werden sollte, um größt möglichen Einfluss aufs Pferd auch in dieser Situation zu gewähren.

▶ Nennung
Vorgegebenes Anmeldeformular für den Start beim Voltigiertag/-turnier.

-O-

▶ Olympische Spiele
Zu allen Sommerspielen gehören sie heutzutage dazu – die Pferde. Voltigieren war allerdings nur einmal olympisch und zwar 1920 in Antwerpen.

-P-

▶ Pad
Voltigierdecke, die das Pferd neben Voltigiergurt und Unterlage beim Voltigieren auf dem Rücken trägt.

▶ Paddock
Offene Box mit angeschlossenem Auslauf.

▶ Partnerübungen
Dynamische und statische Voltigierübungen, an denen mehrere Voltigierer beteiligt sind.

Partnerübungen: auch im Breitensport sehr beliebt

„Minipaddock" bzw. Doppelbox

▸ **Peitsche**
Verlängerter Arm des Longenführers, vergleichbar mit der Gerte beim Reiten. (siehe auch Seite 41)

▸ **Pferdepflege**
Sachgerechte Pferdehaltung, -fütterung und Körperpflege sollten für alle Zweibeiner ihrem Sportkameraden gegenüber selbstverständlich sein.

Der Schweif bedarf echter Handarbeit

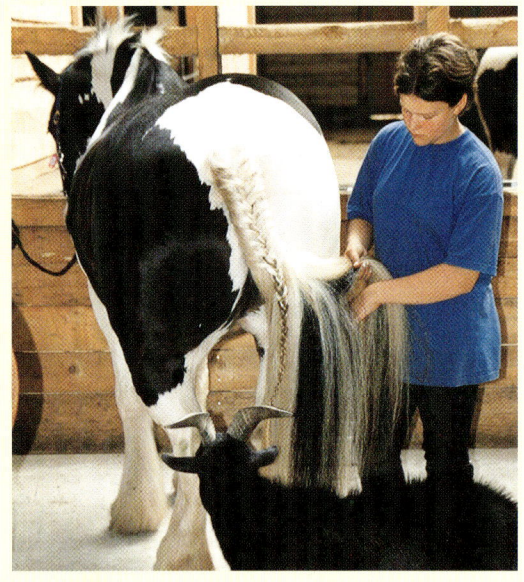

▸ **Pflichtübungen**
Vorgeschriebene Einzelübungen, die jeder Gruppen- und auch Einzelvoltigierer (je nach Leistungsklasse) beim Voltigierturnier zu turnen hat.

▸ **Phantasie**
Benötigt jede Gruppe, jeder Voltigierer, um aus seiner Vorstellung etwas ganz Persönliches und Unverwechselbares zu machen.

▸ **Platzierung**
Reihenfolge der Gruppen-, Doppel- und Einzelvoltigierer bei der Siegerehrung.

▸ **Pony**
Ponys sind keine bestimmte Rasse sondern kleine Pferde bis max. 1,47 m Stockmaß.

▸ **PS**
Von James Watt (Erfinder der Dampfmaschine) eingeführte Abkürzung für Pferdestärke.

▸ **Putzzeug**
Materialien / Bürsten zur Körperpflege des Pferdes.

-R-

▸ **Rappe**
Pferd mit schwarzem Deck- und Langhaar.

▸ **Raufutter**
Neben Kraft- und Saftfutter wichtigste Futterart (z.B. Heu oder Stroh oder Anwelksilage).

Startnummer

Richtlinien
Standardwerke der FN mit Grundsätzen zum Reit-, Fahr- und Voltigiersport sowie zur Pferdehaltung.

Rosse
Brunftperiode der Stute. Zeit, in der die Stute tragend werden kann.

-S-

Saftfutter
(Gras, Möhren, Rüben …) ist die bedeutendste Futtergruppe neben Kraft- und Raufutter.

Schecke
Pferd mit großen „Farbklecksen".

Schimmel
Sammelbegriff für weiße Pferde.

Schritt
Grundgangart des Pferdes im Vierertakt.

Selbsttränke
Vorrichtung, die es Pferden erlaubt, in „Selbstbedienung" Wasser zu trinken.

Sinnesorgane
Da das Pferd vom Ursprung her ein Steppen- bzw. Fluchttier ist, sind diese besonders gut entwickelt und leistungsfähig.

Startnummer(n)
Am Arm oder auf dem Rücken bzw. am Kopf bei einem Turnierstart zu tragende Zahl. (siehe auch Seite 44)

Statische Übungen
Alle Einzel- und Partnerübungen, die – einmal aufgebaut – unverändert eine bestimmte Anzahl von Schritten, Tritten oder Sprüngen (z. B. vier) ausgehalten werden.

Stute
Weibliches Pferd.

Schecke

Voltigiergruppe (mit Startnummern)

-T-

▸ Takt

Jede Gangart des Pferdes hat ihren Takt, der immer klar zu erkennen sein sollte.

▸ Taktfehler

(Zähl-) Fehler bei der Pflichtübung Mühle (=4 Drehungen à 90° auf dem Pferderücken).

▸ Trab

Grundgangart des Pferdes im Zweiertakt.

▸ Trense

Kopfstück des Pferdes bei Training und Wettkampf.

-U-

▸ Ungehorsam

Das Pferd widersetzt sich den Hilfen des Longenführers.

-V-

▸ Verletzungsprophylaxe

Um Verletzungen vorzubeugen, sollte der Voltigierer richtig gekleidet sein, keinen Schmuck tragen und sich ordentlich vor dem eigentlichen Voltigieren warm machen.

▸ Voltigierausbilder

(Lizensierter) Trainer, der aktiv die Ausbildung der Zwei- und Vierbeiner betreibt.

▸ Voltigierrichter

Geprüfter Sachverständiger, der Abzeichen abnehmen darf und beim Turnier die jeweilige Leistung zu bewerten hat.

▸ Voltigierliteratur

Bücher, die über das Voltigieren geschrieben wurden und zum besseren Verständnis des Sportes dienen sollen.

▸ Voltigierschläppchen

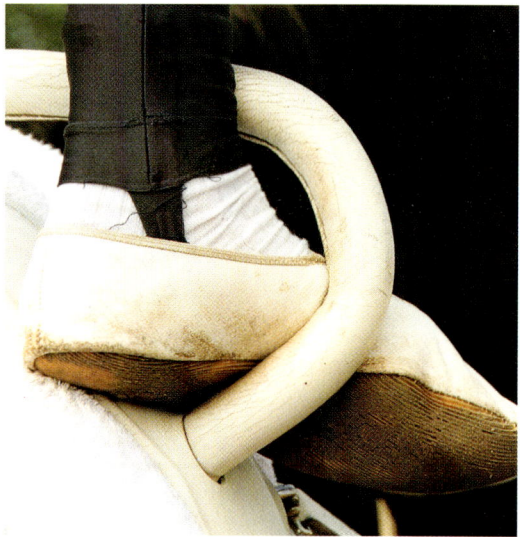

-W-

▸ Wallach

Männliches, nicht mehr fortpflanzungsfähiges (kastriertes) Pferd.

▸ Warmblut

Temperamentsbezogene Einteilung. Im Bundesgebiet gehören alle „edleren" Reit-, Voltigier- und Wagenpferde zu den Warmblütern.

Voltigier-Chef-Richter

▶ **Weidegang**

ist für alle Pferde gesund und wichtig, da es die gelungenste Kombination aus Futteraufnahme, Bewegung und Beschäftigung darstellt. Untugenden haben bei ausreichendem Weidegang selten eine Chance.

▶ **Wertnoten**

Werden auf Voltigiertagen /-turnieren gegeben und führen nach entsprechender Addition und Division zur Endnote der Gruppe bzw. Einzelvoltis.

▶ **Widerrist**

Knöcherner, haut- und fellbedeckter Übergang vom Pferdehals zum Pferderücken. Am Widerrist wird das Stockmaß des Pferdes gemessen.

▶ **Wiehern**

Lautäußerung des Pferdes.

-Z-

▶ **Zirkel**

Hufschlagfigur (Kreisbogen), auf dem das Pferd beim Voltigieren longiert wird. Beim Turnier ist ein Mindestdurchmesser vorgeschrieben. Generell gilt, dass die Hinterbeine der Spur der Vorderbeine folgen sollten. Der kleinste Zirkel ist die Volte.

Genau wie Voltigierer fühlen sich auch Pferde in der Gruppe erst so richtig wohl.

Service

Zum Weiterlesen

Arnold, S. und H.: Grundlagentraining für
Voltigierer

Gast, U. / Ahsbahs, B.: ABC im Pferdesport; Bro-
schüre und Lehrvideos, FN Verlag, Warendorf 1997

Gast, U. / Rüsig-Brüggemann, B.: Voltigieren
lehren lernen; FN Verlag, Warendorf 2001

Gast, U. / Gast, C.: Basispass Pferdekunde – Frage-
kasten; FN Verlag, Warendorf 2002

Gast, U. / Gast, C.: Das kleine Hufeisen – Frage-
kasten; FN Verlag, Warendorf 2002

Gast, U. / Gast, C.: Voltigiergeschichten; Malbuch,
Kavalkade, Warendorf 2001

Pietrazak, J.-M.: Kinder mit Pferden stark machen;
Cadmos Pferdebuch, Lüneburg 2001

Reichardt, H.: Schongymnastik, BLV Verlag,
München 1997

Rieder, U.: Voltigieren – Vom Anfänger zum Könner;
BLV Verlag, München 1997

Rusch, H. und Weineck, J.: Sportförderunterricht;
Lehr- und Übungsbuch zur Förderung der Gesund-
heit durch Bewegung, 5. neubearb. Auflage, K. Hof-
mann Verlag, Schorndorf 1998

aus dem Kosmos Verlag:

Gohl, C.: Mein Pferdebuch; Stuttgart 1996

Gohl, C.: Pferde verstehen; Im Umgang und beim
Reiten: Körpersprache richtig deuten, Stuttgart
2001

Hölzel, P.: Basis-Pass Pferdekunde; Optimale
Prüfungsvorbereitung in Frage und Antwort,
Stuttgart 2000

Hölzel, P.: Das Reitabzeichen; Vorbereitung auf die
praktische und theoretische Prüfung, Stuttgart
2000

Reid, S.: Mein Kosmos Reiterlexikon, Stuttgart 1999

Tellington-Jones, L.: Die Linda Tellington-Jones
Reitschule; Mehr Spaß und Erfolg mit TTEAM und
TTouch, Stuttgart 1996

Nützliche Adressen

FN (Deutsche Reiterliche Vereinigung)
Abt. Jugend / Adressenliste Voltigieren
Freiherr-von-Langen-Str. 13
48231 Warendorf
Tel. 02581 – 63620
Fax 02581 – 62175
www.pferd-aktuell.de

Der Voltigierzirkel
Reilsheimer Weg 7
69251 Gaiberg

Voltigierfachschule Hohenhameln
z.Hd. Herrn Ralf Lange
Molkereistr. 3a
31249 Hohenhameln

STS-Sport- und Tagungsservice GmbH
Bühlstr. 11
75387 Neubulach
Tel. 07053 – 967584
Fax 07053 – 967586

www.jerez2002weg.com (WM 2002 in Spanien)

Impressum

Umschlag von eStudio Calamar unter Verwendung von zwei Farbfotos von Ulrike Gast.

Mit 79 Farbfotos von Ulrike Gast.

Die Deutsche Bibliothek –
CIP-Einheitsaufnahme
Ein Titelsatz für diese Publikation ist bei der Deutschen Bibliothek erhältlich.

Gedruckt auf chlorfrei gebleichtem Papier

© 2002, Franckh-Kosmos Verlags-GmbH & Co., Stuttgart
Alle Rechte vorbehalten
ISBN 3-440-09199-6
Redaktion: Katja Metzler
Gestaltungskonzept: eStudio Calamar
Satz: Atelier Krohmer, Dettingen / Erms
Produktion: Kirsten Raue / Markus Schärtlein
Reproduktion: Master Image, Singapur
Printed in Germany / Imprimé en Allemagne
Gesamtherstellung: Huber KG, Dießen

Alle Angaben in diesem Buch erfolgen nach bestem Wissen und Gewissen. Sie entbinden den Pferdehalter nicht von der Eigenverantwortung für sein Tier und können insbesondere die tierärztliche Untersuchung und Behandlung nicht ersetzen.

Kosmos Verlag Mitglied in der
Deutsche Vereinigung zum
Schutz des Pferdes e.V.
Wienkamp 11 rechts
46354 Südlohn

Informationen senden wir Ihnen gerne zu

Bücher · Kalender · Spiele
Experimentierkästen · CDs · Videos

Natur · Garten & Zimmerpflanzen ·
Heimtiere · Pferde & Reiten ·
Astronomie · Angeln & Jagd ·
Eisenbahn & Nutzfahrzeuge ·
Kinder & Jugend

KOSMOS

Postfach 10 60 11
D-70049 Stuttgart
TELEFON +49 (0)711-2191-0
FAX +49 (0)711-2191-422
WEB www.kosmos.de
E-MAIL info@kosmos.de

Alles drin, klar und übersichtlich, aus erster Hand

Wittek
Kräuter und Tees für Pferde
ISBN
3-440-09049-3

Christiane Gohl
Das Einmaleins des Reitens

ISBN 3-440-09053-1

In diesem Buch aus der Kosmos Ratgeber-Reihe finden Sie alles Wichtige für den Anfang Ihrer Reiterkarriere: der richtige Umgang mit dem Pferd, die Hilfe beim Reiten in allen Gangarten, der erste Ausritt in der Gruppe. Einer harmonischen Partnerschaft zwischen Reiter und Pferd steht nach dieser Lektüre nichts mehr im Wege!

Merklin
Spiel und Spaß mit Pferden
ISBN
3-440-09051-5

Neumann-Cosel
Pferde verstehen leicht gemacht
ISBN
3-440-09052-3

Schmidt
Longieren – sinnvoll und richtig
ISBN
3-440-09050-7

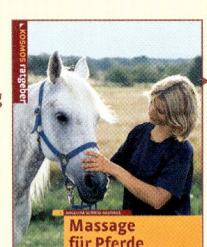

Schmid-Neuhaus
Massage für Pferde
ISBN
3-440-09054-X